AF389303

SOIRS DE PARIS

DÉPOT LÉGAL

SOIRS DE PARIS

RAOUL GINESTE

SOIRS DE PARIS

DESSINS DE MINARTZ

GRAVÉS SUR BOIS PAR PAILLARD

PARIS

IMPRIMÉ POUR HENRI BERALDI

1903

Puisque tu reviens, volage maîtresse,

Secouer encor ma longue paresse,

Muse! je dirai les soirs de Paris

Dont je suis épris.

VIII

Car jamais rêveur, tombé de la lune,
Ne se vit devant pareille fortune.
Trouver des Minartz, ô comble de l'art !
Gravés par Paillard.

Naître sous un astre auguste et propice,
Avoir Beraldi pour aimable auspice !
Admirer mes vers — l'ourse aime ses ours ! —
En riches atours.

Savoir qu'ils iront, loin des mains profanes,
Dans de somptueux et calmes arcanes,
Et qu'ils vieilliront, pimpants et coquets,
Sans crainte des quais.

Croire qu'ils seront l'œuvre rare et chère
Que purifia le feu de l'enchère ;
Et qu'ils seront lus — l'espoir est permis —
Par de vrais amis.

IX

Rêver que, plus tard, de très nobles dames
Viendront y chercher l'écho de nos âmes,
Et qu'elles diront : « Ces soirs du vieux temps
Fleurent le printemps !

Ceux qu'ils inspiraient furent des artistes
Qui, sans être gais et sans être tristes,
Eurent pour leur art un vaillant souci
Qu'ils montrent ici.

Leurs muses, parfois un peu décoiffées,
N'allaient pas courir, ivres, dégrafées,
Dans tous les bas-fonds corrompus et laids,
Parmi les valets.

Le hall à plaisir, luxueux et bête,
Ne les poussait pas à faire la fête.
La Cosmopolis qui souille Paris
Avait leur mépris.

X

Mais elles n'étaient ni sottes, ni prudes ;
Quand les traits sont durs, quand les mots sont rudes,
C'est qu'elles cherchaient toujours la Beauté
    Dans la Vérité. »

AU MÉTRO

On descend
Sous le sol ;
Cela sent
Le phénol.
On a peur
Rien qu'à voir

La hideur
Du trou noir.
Tel l'éclair
Passe et luit
Vif et clair
Dans la nuit,
Vient le train
Souterrain,
Promenoir
Cheminant
De ce soir
Permanent.
On le prend,
Il vous rend
D'un seul coup
Jusqu'au bout !..
Ces métros
Clandestins
Sont de gros
Intestins !

PALAIS DE GLACE

Vous nous ravissez
Sveltes patineuses,
Preneuses de cœur,
Exquises traîneuses
Qui vous balancez
D'un rythme vogueur

Que vous soyez celles,
Anges sans souci,
Nobles demoiselles,
Qui venez ici
Déployer vos ailes
Jusqu'au five o'clock !
Ou bien vous, donzelles,
Princesses du troc,
Qui sur cette glace,
Aussitôt après,
Glissez à leur place
Avec tant d'attraits !

Exquises traîneuses,
Preneuses de cœur
Qui vous balancez
D'un rythme vogueur,
Sveltes patineuses,
Vous nous ravissez !

CHEZ LA MODISTE

Présentés avec art sur leurs champignons frêles,

Ils empruntent leur grâce aux beautés naturelles :

Fleurs ou fruits, marabouts frisés, éploîments d'ailes,

Qui voudrait en médire? ils ont l'air innocent
Et n'ont pas cet aspect excentrique ou cassant
Qui semble provoquer le regard du passant.

Ne vous y fiez pas! ce sont des hypocrites,
Des scapins effrontés, des fripons émérites
Dont les formes devraient être à jamais proscrites.

Lorsque vous les verrez au théâtre, ce soir,
Sur le haut des chignons qui sont leur reposoir,
Ils feront votre rage et votre désespoir!

FIVE O'CLOCK

Depuis que des snobs hypocondres
Font blanchir leurs faux-cols à Londres,
Certaines vont boire du thé
Dans des espèces de synode
Où l'on fiv'o'cloque à la mode,
C'est-à-dire avec gravité.

Elles s'habillent en touristes,
Affectent des airs rigoristes,
Donnent des sourires pincés,
Et du coup les voilà pimbêches,
Sèches, rêches, presque revêches,
Avec des gestes compassés !

Vont-elles porter des lunettes ?
Deviendront-elles trop honnêtes ?
Tout arrive — quand c'est Anglais ! —
Et poussant la chose à l'extrême,
D'aucunes souhaiteront même
D'être des manches à balais !

Fleurs de grâce, Parisiennes,
Fuyez ces mœurs pharisiennes ;
Goûtez comme au temps d'autrefois,
Lorsque, rieuses, endiablées,
Dans vos aimables assemblées,
Vous jasiez toutes à la fois.

CHEZ PAILLARD

Le restaurant est un des charmes de Paris.
Il exige parfois d'invraisemblables prix,
Mais c'est pour évincer la famille Prudhomme
Ou tout autre Harpagon qui regarde à la somme.

Il n'aime que les gens riches ou blasonnés :
Hauts financiers, grands-ducs, monarques détrônés,
Actrices en renom, grandes demi-mondaines,
Rois des trusts, apportant leurs stocks d'Américaines,
Milords traînant leur spleen, boyards, vieux commandeurs
Incognitos qui font la noce, ambassadeurs
Officiels blasés, fuyant le protocole
Pour venir conjuguer le verbe : *je rigole !*
Leur débauche n'est pas terrible assurément :
De bons mets présentés très artistiquement,
Des bordeaux veloutés, des grands crus de Champagne ;
Puis la fuite discrète avec une compagne,
Qu'un hasard complaisant et bien documenté
Fit dîner toute seule à la table à côté.

LE DINER

Le dîner d'apparat qu'on donne à ses intimes
A le charme pompeux et franc des bonnes rimes.
C'est un rythme où le nombre a ses justes valeurs;
Tout doit s'harmoniser, les sons et les couleurs;

Tout doit favoriser, sous des formes latentes,
Les désirs caressés et les douces ententes
Des convives qu'on a rassemblés avec choix.
Ainsi rien de choquant, de railleur, de sournois,
Ne viendra dissiper l'exquise sympathie
Qui fait le vif attrait d'une table assortie.

SORTIE DES TROTTINS

Modistes, mannequins charmants,
Troupes de minois à fossettes,
Non, vous n'êtes plus les grisettes
Dont on parle dans les romans!

L'étudiant et le poète
Ne sont plus l'amant préféré ;
Il faut être au moins décoré
Pour vous faire tourner la tête.

Qu'importe qu'on soit presque vieux,
Goutteux, bedonnant, même chauve !
Dans les dentelles de l'alcôve
Vous n'en reposerez que mieux !...

Ils sont loin les temps erratiques
Où Musette et Mimi Pinson
Se contentaient à Robinson
De lapins très problématiques !...

Vous n'avez plus le moindre élan
Pour ces délassements rustiques ;
Vous laissez le peintre aux antiques
Et le rêveur à son talent.

Vos cœurs, qui se hâtent d'éclore,
N'ont plus le souci des beaux jours;
Le crépuscule des amours
Vous sourit autant que l'aurore.

Aussi le monsieur grisonnant,
Qui n'a pas l'air de vous attendre,
Se prend au filet qu'il vient tendre.
Jamais gobeur plus surprenant!...

Depuis si longtemps qu'il opère,
Se croyant très documenté,
Il n'a pas vu le coup monté;
Qu'il fut bébé! qu'il soit pépère!

Car rien ne trompe votre instinct;
Tel, qui se trouve dans la rue,
A beau cacher son pied de grue,
Il n'en sera que mieux atteint.

Est-ce par hasard que l'on tâche
De vous rencontrer chaque soir?
Et par hasard qu'on se fait voir,
Quand on teint si bien sa moustache?...

Et qui croit piper des tendrons,
Vautour que l'amour change en buse,
Devient le jouet de leur ruse.
— Qui veut m'aimer? — Nous t'aimerons!...

Nous t'aimerons si tu nous offres
(En sus de ton cœur rissolé)
Un petit entresol meublé
Et si tu nous ouvres tes coffres.

# CONCERT

Harpes qui frissonnez, vos délicats arpèges,
Qui s'envolent des mains très douces et subtiles,
Ont la candeur des lis entr'ouverts et des neiges
Et remplissent d'émoi les âmes juvéniles.

Harpes qui frémissez! harpes magiciennes!
Vous qui dites si bien les caresses des brises,
Vous êtes un écho des amours anciennes,
Et vous laissez flotter de troublantes hantises.

Harpes qui gémissez! plaintes d'abandonnées,
Murmures des ruisseaux qui bercent Ophélie,
Sanglots, baisers perdus, prières marmonnées,
Désirs vains apportés par un vent de folie,

Vagues chuchotements sous les voûtes ombreuses,
Hululements lointains des cordes éoliennes,
Vos sons harmonieux, emprises amoureuses,
Chantent les requiems du cœur et ses antiennes.

FOYER DE L'OPÉRA

Ce foyer qu'eût rêvé Nabuchodonosor
Ne convient pas à nos bourgeoises habitudes ;
Le luxe somptueux et lourd de son décor,
Qu'embellirait encor l'orgueil des attitudes,
Manque d'habits brodés et passementés d'or.

Indifférent au chic de mes contemporaines,
Attristé par les fracs modernes trop mesquins,
Je voudrais voir surgir, dans leurs robes à traînes,
Rubis et diamants jusques aux brodequins,
Les cortèges défunts des Seigneurs et des Reines.

Je n'aperçois, hélas, que des troupeaux d'Anglais!
Des bandes d'étrangers aux allures barbares
Ou des provinciaux endimanchés et laids.
A quoi sert de bâtir ces splendides palais?...
On devrait leur jouer l'opéra dans des gares!

LES LOGES

Les loges de jadis, en forme de corbeilles,
Faisaient s'épanouir les femmes et les fleurs ;
Robes et falbalas aux discrètes couleurs
Harmonisaient des lis et des roses vermeilles.

Les parfums emplissaient la salle de langueur;
Les gemmes répondaient à l'éclair des œillades,
Quand les amours ailés, suspendus aux torsades,
Vidaient tout leur carquois sur les bouches en cœur;

Les éventails battaient l'air de leurs ailes lourdes,
S'arrêtant pour voiler une larme, ou, parfois,
Dissimulant un rire argentin, quand la voix
D'Arlequin ânonnait ses amoureuses bourdes.

Puis, l'entr'acte venu, seigneurs et beaux-esprits
S'empressaient de courir à l'assaut des coquettes.
Que de saluts galants! Combien de ces courbettes
Auxquelles nos aïeux attachaient tant de prix!

Et c'étaient des caquets! — *Je garde l'espérance
De vous fléchir. — Cessez des efforts superflus.
— Quoi vous m'aimez encor? — Quoi vous ne m'aimez plus!
— Que je baise ces doigts, les plus mignons de France!...*

Je ne médirai pas des choses d'aujourd'hui ;
Pourquoi n'aurions-nous pas le goût qu'avaient nos pères ?
Mais nos plaisirs sont trop régis par les affaires ;
Nous achetons le droit d'afficher de l'ennui.

Puis les terrains sont chers, nous n'avons pas de place !
Et loin de ressembler à d'élégants boudoirs,
Nos loges ne sont plus que d'infimes couloirs
Où l'incommodité défend qu'on se prélasse.

Et cependant, malgré leurs grillages jaloux,
Malgré notre roture et notre humeur morose,
Bien que nous traduisions nos plus beaux vers en prose,
Et que de nos joyaux nous fassions des bijoux,

Les loges sont encor l'endroit plein de merveilles,
L'écrin où la beauté s'isole et resplendit ;
L'amour y tend encor la trame qu'il ourdit,
Chuchotant ses aveux aux conques des oreilles.

Et vous serez toujours la gloire des beaux soirs,
Tant que vous nous rendrez amoureux et poètes,
Femmes qui rehaussez les plus banales fêtes,
Jardins de volupté fleuris de doux espoirs !...

LA LOGE

Celles qui veulent plaire aux Don Juans de Paris
Avec un soin jaloux cachent leurs artifices.
Pourquoi n'en est-il pas ainsi pour les actrices
Dont la loge est ouverte à tous les favoris ?

C'est que le fard convient aux choses du théâtre
Où la réalité se perd, s'étrique et ment,
Et l'on aime à prouver qu'on possède vraiment
Des roses sous le rouge et des lis sous le plâtre.

L'ENTR'ACTE

L'entr'acte a plus d'attrait pour eux que le spectacle....
Ils ont fait des couloirs l'officine où l'on bâcle
Les réputations. — Tel : beaucoup de talent.
Machin : pas distingué. Chose : très gondolant.

L'ingénue : oh là là ! La soubrette : trop plate.

L'amoureuse : gnian-gnian ! La coquette : s'empâte.

La petite qu'on laisse en panne éclipsera

La vogue de Réjane et celle de Sarah.

Cette pièce : un four noir ! L'auteur : un plagiaire.

— Pas même, cher ami. — Mais alors?... — Un corsaire

Qui signe avec aplomb l'œuvre d'un inconnu !

Le directeur : un sot, un pingre, un parvenu !

Et les langues d'aller bon train !... Gare aux mondaines

Qui montent l'escalier avec un bruit de traînes.

Les messieurs, accoudés sur la rampe de fer

(Dantes des entresols qui mènent à l'enfer),

Dévoilent les labeurs et les tendres supplices

Qu'elles vous font subir, au gré de leurs caprices.

LA DANSEUSE

Le Chat dit au Rat :
— Qui te croquera
Fera belle chère,
Ma chère !

Mordre à tes appas
Serait un repas
Qu'un matou de race
        Pourchasse.

Ne t'alarme pas !
C'est un doux trépas
Dont on ressuscite
        Bien vite.

Le Rat dit au Chat :
— Si mon entrechat
A tant su te plaire,
        Éclaire !...

LES FIGURANTS

Au théâtre, le soir venu, de pauvres diables
Quittent, pour un instant, leurs frusques pitoyables,
Pour une illusion plus douce infiniment
Que les réalités d'un sort trop inclément
Qui nargue, sans pitié, leurs instincts sociables.

Ce sont les figurants recrutés au hasard
Dans quelque restaurant infime ou quelque bar,
Sous les ponts, sur les bancs qui leur servent d'asiles,
Dans l'écume et la lie où le rebut des villes,
Morne, s'en va cherchant sa lamentable part.

Ah! vivre ingénument en des mondes magiques!
S'enivrer, sans y boire, à des festins bachiques!
Mordre de bonne humeur à des mets en carton!
Changer en vin de Chypre un âpre piqueton!
Ramasser des mégots d'idéal pour les chiques!

Jouets d'un rêve aimé, les voici tour à tour,
Moines, reîtres, bandits, grands seigneurs à la cour,
Guelfes ou Gibelins, captifs ou janissaires,
Maures ou Castillans, alguazils ou corsaires,
Vainqueurs de la Bastille ou geôliers de la Tour!

L'œil hagard, rassemblés *sous cette voûte sombre*,
Les conjurés bruyants, *qui conspirent dans l'ombre*,
Hurlent : *Mort aux tyrans ! Vive la liberté !*
Et le cliché banal, empreint de vérité,
Semble sortir du gouffre où leur misère sombre.

Les voici revenus au temps des paladins;
Armide les enchante aux douceurs des jardins;
Et c'est pour eux que tant de danseuses fleuries,
Cortèges chatoyants, mignardes théories,
Semblent sortir de terre et montent les gradins.

Puis ce sont les héros de la Grande Épopée,
Ceux dont le cœur hautain et l'âme bien trempée
Mirent les nations à genoux devant Lui !
Et, dans leurs yeux d'acier où la bravoure a lui,
Une naïve foi flambe comme l'épée!...

Minuit!... Le rideau tombe! Ils quittent leurs paillons
Et revêtent, penauds, les répugnants haillons
Qui les rendent trop vite à leur destin morose.
Mais des bribes de vers et des lambeaux de prose
Pendent encore au cep comme les grapillons.

Et l'homme qui leur sert des *glorias* atroces
Sourit à leurs propos : — J'aperçois nos carrosses,
A ta santé, marquis! — Vidame, à tes amours!...
Sans blague t'étais *bath* hier! — Comme toujours;
On gagne son *auber*, quoi!... huit ronds! oh les rosses!

AU CIRQUE

Cette femme qu'un fêtard
Trouve exquise, délirante,
S'il la voyait autre part
Lui serait indifférente.

Pour plaire à ces damoiseaux,
Ne prisant que l'amazone,
Il faut crever des cerceaux
Sur un cheval qui cambronne.

Quand on s'est farci l'esprit
— Esprit, le mot n'est pas juste —
Des boniments que glapit
Le sempiternel Auguste,

Le sportman le plus blagueur
Est atteint d'idolâtrie
Si l'amour lui vient au cœur
Sur des brises d'écurie.

TABLEAUX VIVANTS

Orphée aux Enfers, aux
Variétés, 1903.

Est-ce des métros ou des nues,

En sleepings, autos ou ballons,

Qu'elles sont tout à coup venues

Ces légions de femmes nues?…

Sur la scène, à tous les salons,
Sous le treillis des maillots roses,
Ces déesses d'apothéoses
Prennent de suggestives poses
Qui scandalisent nos Solons.

— Eh quoi! pas le moindre tutu
(Grogne le Père la Vertu),
C'est un étalage de hanches
Favorable aux traiteurs de blanches;
O décence, que deviens-tu?...
Qu'on les drape ou qu'on les enferme.
— Le chœur des artistes : *La ferme!...*

DANS L'ORCHESTRE

Le Timbalier (sans fiancée).
Petits théâtres.

Petit Jupin de symphonie,
Sur les peaux de son instrument
Suivant les lois de l'harmonie
Il gronde et tonne éperdument.

Lorsque le chanteur fait la roue
Et se pâme en levant ses yeux,
Quand le soliste admiré joue
Son cantabile gracieux,

Lui, dans le recoin qui le cache
A la plupart des spectateurs,
Exécute sa haute tâche
Sans murmures approbateurs.

Car, bien que le public ignore
L'importance du bruit qu'il fait,
Il est la voix du météore
Dont il dramatise l'effet,

Il est le murmure de l'onde,
Le vent qui jette dans la nuit
Sa plainte imprécise et profonde
A la grande forêt qui bruit,

Il est la clameur de la foule,
Le roulement lointain des chars,
Le palais d'orgueil qui s'écroule
Sur les festins des Balthazars,

Il est le Dieu, presque anonyme,
Sans lequel l'orchestre affadi
N'atteindrait pas la haute cime
Où l'art a parfois resplendi!...

Mais c'est pour d'autres qu'attendries
Les dames posent leurs mouchoirs
Sur les bords des loges fleuries
Vers qui s'envolent les espoirs.

Et conscient de son mérite,
Sachant qu'il doit rester obscur,
Il semble que son front s'irrite,
Que son profil devient plus dur.

On dirait qu'il frappe avec rage,
A droite, à gauche du tambour,
Comme pour venger un outrage
Fait par le sort ou par l'amour.

CAFÉ CONCERT

La Romance.

Tu demandes pourquoi je pleure?
Chante l'Étoile, avec l'émoi
D'une amante que l'amour leurre,
Mais, si je pleure, c'est pour toi!

Et, geignant sa vague rengaine,
Elle pleure pour tout, pour rien;
Pour lui qui rit de tant de peine,
Pour elle qui pleure si bien.

Pour les amis, pour le concierge,
Personnages fort indiscrets,
Qui, voyant pleurer une vierge,
Veulent connaître ses secrets,

Pour les illusions perdues,
Pour le grenier, pour les vingt ans,
Pour les fauvettes entendues
Par un beau matin de printemps!

Pour les lilas, les chrysanthèmes,
Les lettres d'amour, les parfums,
Les baisers, les instants suprêmes,
Les cheveux, les bonheurs défunts!

Les snobs avec leurs snobinettes
Savourent ces couplets pleurards :
Leurs nez, discrètes clarinettes,
Les soulignent par des canards :

Il est admis dans l'assistance
Qu'on doit larmoyer d'être aimé,
Et moins les pleurs ont d'importance,
Plus le mouchoir est parfumé !

Dans un mois, pour les mêmes choses,
Avec d'aussi bonnes raisons,
L'Étoile cueillera des roses
Et fera rire ses chansons.

Saluant les mêmes sornettes
D'un bon rire délibéré,
Les snobs avec leurs snobinettes
Riront comme ils avaient pleuré.

Tu demandes pourquoi je pleure?
Tu demandes pourquoi je ris?
Je pleure ou je ris suivant l'heure
Pour le bon plaisir de Paris!

A LA CHANSON ROSSE

Chanson rosse,
Qui nous crosse,
Parangon de la vertu,
Que fais-tu?

7

Ta morale,
Eau lustrale,
Veut-elle enlever le fard
Au cafard?

La satire
De ton rire
S'adresse-t-elle aux repus
Corrompus?

Ta critique,
Coup de trique,
Cingle-t-elle les Pasquins,
Les coquins?

Ta faconde
Vagabonde
S'attaque-t-elle aux pédants
Redondants?

Es-tu celle,

Fière et belle,

Qui tend la main aux déçus,

Aux vaincus ?

As-tu l'âme

Et la flamme

Des chansonniers d'autrefois

Si gaulois ?

Non, tu triches !

C'est aux riches

Que sont dédiés tes chants

Trop méchants.

Tu t'amuses,

Loin des Muses,

A chercher dans les excès

Le succès.

Tu veux faire
Une affaire
Et tu flattes le fêtard
Sans nul art.

La culbute
De la Butte
Est au bout de ton refrain
Sans entrain.

LA COMMÈRE

Des bataillons pimpants de grues,
Des calembours traînant les rues,
Des farces grosses de bévues :
Tel est le bilan des revues.

A quoi tient alors leur succès?...
Est-ce au rire, à l'esprit français?...
Les auteurs n'en font pas l'excès
Qui pourrait causer leur décès!...

Est-ce aux couplets, aux anecdotes?
A la satire des parlotes?
Aux imitations falotes
De nos célébrités vieillottes?

Non! Le piment d'un travesti,
Découvrant un sein bien loti,
Sur un corps puissamment bâti,
Vaut mieux que tous les concetti.

LE COUPÉ

Seule!... Nul ne viendra l'accompagner ce soir!
Son mari ne croit plus à ce charmant devoir;
Vieux jeu, cela, pour un mondain qui se respecte.
Ne faut-il pas aller au cercle, au restaurant,
Persifler, affecter un air indifférent?...
Aimer sa femme est presque une chose incorrecte!

On est de son époque, on a de beaux pur-sang,
Des autos réputés, honneurs du sport naissant.
On s'affiche, on produit une histrionne en vue.
Qu'importe le foyer désert, l'épouse en pleurs!
Elle a trop de fierté pour trahir ses douleurs,
Comme aussi trop d'esprit pour faire une bévue.

La valse l'énervait, et pour fuir l'aveu lu
Dans un regard soumis, elle n'a pas voulu
Qu'on la reconduisît, même jusqu'à la porte.
Elle a craint cet adieu qui veut dire : au revoir;
Cet adieu suppliant où tremble un vague espoir,
Plainte d'un cœur discret qu'un autre cœur emporte.

L'heure n'est pas venue, elle aime encor celui
Qui la délaisse; il peut revenir, s'il a fui!
N'est-elle pas toujours patricienne et belle!
Et ne sait-elle pas que d'autres, fous d'amour,
Implorent la faveur de lui faire la cour!
Pourquoi resterait-il insensible et rebelle?

Peut-être qu'elle va le trouver repentant?
Elle l'accueillera très digne. Si pourtant!...
Si ses deux bras s'ouvraient sans phrase, sans excuse!
Des larmes de pardon monteraient à ses yeux.
Quelle éloquence on prête à ces silencieux
Qu'on aime!... Demander, c'est risquer qu'on refuse.

Son geste bref a fait avancer le coupé.
Elle se laisse choir sur le velours frappé,
Et les parfums aimés sortent des encoignures.
C'est là que tant de fois de langoureux baisers
Vinrent comme bercer ses sens inapaisés;
Regrets entrelacés aux désirs, ô tortures!...

Tout l'évoque; il est là, pressant comme autrefois;
Ses lèvres l'ont soumise, elle écoute sa voix,
Sa voix mâle qui se fait douce et qui l'enchante;
Elle a la volupté d'aimer et de souffrir.
Un vertige la prend, elle voudrait mourir
Dans cette illusion de l'absent qui la hante!...

Oh!... Cet appel d'amour qui n'est plus entendu!...
Ce sanglot réprimé qui s'échappe, éperdu,
Faisant gonfler ses seins et rosir sa peau blanche!...
Seule!... Seule!... Malheur à lui si quelque soir
A cette même place un autre vient s'asseoir!...
Le désir met au cœur des besoins de revanche!...

LE BAC

Néfaste tapis vert des tripots de Paris,
Faiseur de fronts ridés et de regards flétris,
Tes fervents anxieux grisonnent avant l'âge.
La paresse et l'orgueil, qui sont ton parrainage,
Versent à leurs cerveaux comme un philtre d'oubli ;
Que vaut l'art ou l'amour devant un paroli ?

C'est pour toi que ces fous ont déserté leurs tâches,
Pour toi qu'ils deviendront insensibles et lâches ;
Et le temps, emportant leurs rêves glorieux,
Les fera chaque nuit plus vides et plus vieux ;
Vaniteux dans le gain, très dignes dans la perte,
Pourvu que l'on chuchote : — *Il taille à banque ouverte !...*

O pontes, prenez garde ! il arrive un moment
Où celles qui pleuraient silencieusement
Trouvent qu'elles ont fait assez de sacrifices.
L'Amour narquois les guette, il est plein d'artifices,
Et n'entendez-vous pas ce que dit l'amoureux ?...
— Ton mari n'en sera, chère, que plus heureux !

LE LOUP

Bal de l'Opéra.

Pourquoi ne pas ôter ton masque, ô séductrice !
Crains-tu qu'un importun critique ta beauté?
Ton amant te fait-il une infidélité,
Et vas-tu tout à coup surgir vindicatrice?

Serais-tu par hasard l'introuvable oiseau bleu,
La princesse de rêve ou la fantasque fée,
La grande dame enfin qui, d'amour assoiffée,
Hasarde une équipée où l'honneur est en jeu?

Pourquoi garder encor ton masque? Ah, je devine!
La voilette et le loup t'ont livré leur secret :
Ce qu'on feint de cacher a toujours plus d'attrait
Et le mystère sied à la beauté divine.

BAL DE L'OPÉRA

Février 1903.

Où sont les balancés rythmeurs et gracieux
Des pavanes d'antan nobles et solennelles?
Où sont les rigodons, où sont les villanelles,
Les menuets coquets et révérencieux?...

Où vont se dérouler les fantasques guirlandes
Des Montferrins pimpants et des farandoleurs?
Où vont s'épanouir vos cadences en fleurs,
Couples enrubannés et fiers des sarabandes?...

Qui nous eût dit qu'un jour on vous regretterait,
Chicards et chahuteurs, excentriques fantoches,
Normandes, Flageolets, La-Comètes, Clodoches,
Dont la verve parfois ne manquait pas d'attrait?

Vous fûtes malgré tout de joyeux acrobates,
Et, quoique des faubourgs, vous restiez Parigots.
Tandis que le Yankee, déchaînant ses magots,
Importe son « kékouok » hideux.... A bas les pattes!...

FEU ROULANT

Bal de l'Opéra.

— C'est chose !

— Machin !

— Gamin

Qui pose.

— On n'ose?

— Béguin!

— Blondin!

— Ma rose!

— Zézé!

— Frisé!

— Chou-crème!

— Mon cœur,

T'as peur

Qu'on t'aime!...

LA SORTIE

Bal de l'Opéra.

L'esprit, l'intrigue, la beauté,
Ne font-ils donc plus de conquêtes
Dans ce bal toujours si vanté
Par la chronique de nos fêtes?...

Pas même un juvénile amant,
Doué d'une exquise nature,
Qui cherche très candidement
Une poétique aventure !

Pas même, à l'extrême besoin,
— Tête qu'embellissent les masques, —
Le croquant venu de très loin
Pour de carnavalesques frasques !

Quoi ! pas une ne soupera ?
Au lieu des grands crus... les déboires !...
Où sont les Pâris d'Opéra
Décernant la pomme... et leurs poires ?...

SOIRÉE COSMOPOLITE

Un pianiste en ki....
Une harpiste en ka...,
Puis des N'Importe-Qui
Fameux au Kamtchatka.

Le Virgile espagnol
Du Vénézuéla !
Le Hugo du Tyrol !
Maréchal Le-Holà !
Le Gœthe du Brésil !
Le traducteur Phœnix !
Le docteur Adonis !
L'exégète Nombril !
Madame de Memphis !
Un génial acteur !
La Muse du Chili !
Un grand agitateur
Venu de l'Équateur !
Le prince Piétroli !
Dom Benedicat-Vos,
Évêque in partibus !
Le sublime Pathos !
Le professeur Phébus !
Marquise de Lesbos !
La baronne In-Manus !

Jean Parolipoulos!
Le duc d'Alcantara,
Page de don Carlos!
La tante de Sarah!
Les deux frères Crawfort!
Élise Tanagra,
Dame de l'Opéra!
Josué de Francfort!
Le Mozart du Texas!
L'illustre Belphégor,
Rarissime ténor!
L'amiral De-la-Pax!
La Rossignolina
Signora Nichina,
Notre prima donna!
Le maëstrissimo,
L'éminentissimo,
Le divin, l'immortel
Chose, Machin, Un-Tel!...
Et tant qu'il en viendra

Et tant que l'on voudra,
L'impassible Justin,
Petit-fils de Frontin,
Vous les annoncera ;
Très flatté, très hautain
D'être seul de Pantin.

LE PREMIER BAL

La belle aux tresses d'or regarde dans la glace,
D'un air presque étonné, les charmes ingénus
Que le tulle léger, jeté sur ses bras nus,
D'une étreinte subtile et délicate enlace.

Ce tantôt, l'air joyeux, ses parents sont venus
La chercher au couvent, au sortir de la classe :
Pourquoi?... Les seins, gonflés de désirs inconnus,
Pour une fleur d'amour semblent garder la place.

Serait-ce ce jeune homme élégant et discret
Dont les yeux veloutés ont trahi le secret
Qu'il était bienséant jusqu'à ce jour de taire?...

C'est à son premier bal qu'on la conduit ce soir;
— Sois belle, a dit sa mère avec quelque mystère,
— Et te voilà fort belle!... affirme le miroir.

VALSE LENTE

Bostonner : valser
à contre-mesure avec morgue.

Lorsque la valse était « vieux-jeu », ses gais motifs
Tourbillonnant, grazioso, pimpants et vifs,
Pétillaient endiablés comme un cru de champagne,
Le cavalier, frôlant à peine sa compagne,
La dirigeait d'un geste élégant et discret,
Et sa délicatesse avait un doux attrait.

La valse « nouveau-jeu », qui nous vient d'Amérique,
A des solennités de danse ésotérique ;
Le thème est langoureux et le rythme très lent ;
Les couples enlacés semblent prendre l'élan
Pour vouloir s'envoler vers les lointaines sphères,
Où de pures amours s'entourent de mystères.
Le but est idéal. — Mais la mysticité
Accorde à ses fervents quelque lasciveté ;
C'est le bras droit qu'on luxe et la main qu'on enserre,
La taille prise avec des poignes de corsaire,
Les yeux ensorceleurs qui plongent dans les yeux,
Le genou fureteur, obscène, audacieux !...

Et c'est pour tout cela qu'on t'aime, ô valse lente !
Enlacement qui fait l'approche si troublante,
Toi qui laisses la porte ouverte à notre espoir
Qu'un charme durera qui va finir ce soir,
Amusette d'amour qui fait monter la sève
Et mêle des frissons de chair à notre rêve !

COTILLON

Qui sait conduire un cotillon
Fait une agréable corvée :
Heureux le galant postillon
Qui sait conduire un cotillon !

Il peut vendre son corbillon,
On y mettra la dot rêvée :
Qui sait conduire un cotillon
Fait une agréable corvée.

Il faut un flair d'homme d'État
Pour bien choisir une compagne :
Le cas est toujours délicat.
Il faut un flair d'homme d'État,
Viser un lointain résultat,
Et tel qui semble y perdre, y gagne.
Il faut un flair d'homme d'État
Pour bien choisir une compagne.

Dans ce jeu fantasque et subtil,
Le principal c'est l'accessoire.
L'imprévu tient le bout du fil
Dans ce jeu fantasque et subtil.

Aussi l'homme d'esprit peut-il
S'y couvrir d'une immense gloire.
Dans ce jeu fantasque et subtil,
Le principal c'est l'accessoire.

Est-ce un proverbe? Est-ce un ballet?
Le jeu tient de l'un et de l'autre :
Comique, inattendu, follet,
Est-ce un proverbe? Est-ce un ballet?
Tour à tour madrigal, pamphlet,
Espiègle, frondeur, bon apôtre,
Est-ce un proverbe? Est-ce un ballet?
Le jeu tient de l'un et de l'autre.

Les stratagèmes de l'amour
Seront toujours un joli thème.
Ils font une discrète cour,
Les stratagèmes de l'amour!

Ils ne sont évidents que pour
Un cœur en éveil que l'on aime.
Les stratagèmes de l'amour
Seront toujours un joli thème.

Les fleurs parlent, on les entend,
Et leurs paroles sont hardies.
Portez la couleur qu'on attend :
Les fleurs parlent, on les entend,
Elles en disent tout autant
Que des scènes de comédies.
Les fleurs parlent, on les entend,
Et leurs paroles sont hardies.

Effleurez avec beaucoup d'art
Les choses de la politique ;
Ne sabrez pas comme un hussard,
Effleurez avec beaucoup d'art

Et laissez le genre poissard
A ceux qui tiennent la boutique.
Effleurez avec beaucoup d'art
Les choses de la politique.

Le sel de l'actualité
Relève la moindre charade.
Surtout s'il est bien présenté,
Le sel de l'actualité !

Un soupçon de méchanceté
En sera comme la poivrade.
Le sel de l'actualité
Relève la moindre charade.

Faites bonne part au boston :
Il ne tient jamais trop de place;
C'est une valse de bon ton.
Faites bonne part au boston :
Il brave le qu'en-dira-t-on
Et permet très bien qu'on s'enlace.
Faites bonne part au boston :
Il ne tient jamais trop de place.

La maîtresse de la maison
Mérite qu'on la complimente;
Flattez-la, mais avec raison,
La maîtresse de la maison.

Sachez ce que dit son blason,
   — Parfois il est permis qu'on mente! —
La maîtresse de la maison
Mérite qu'on la complimente.

L'aube naît au ciel qui pâlit :
C'est l'heure de la farandole.
La chaîne se forme et bondit.
L'aube naît au ciel qui pâlit :

La maman qui bâille avertit.
Adieu le temple! adieu l'idole!
L'aube naît au ciel qui pâlit :
C'est l'heure de la farandole!

Ohé! le joyeux carnaval!
Vient-il de Nice ou de Venise?
Le défilé n'est pas banal;
Ohé! le joyeux carnaval!
Quel entrain! c'est le clou du bal,
Il pare plus qu'il ne déguise.
Ohé! le joyeux carnaval!
Vient-il de Nice ou de Venise?

Il fait grand jour, et tout finit :
Prenez vos capes et vos mantes;
Regagnez bien vite le nid.
Il fait grand jour, et tout finit.

Mais qu'il sera longtemps béni
Celui qui sut plaire aux charmantes !
Il fait grand jour, et tout finit :
Prenez vos capes et vos mantes.

Où mène un joli cotillon?
Au ministère, à l'ambassade.
L'existence est un tourbillon
Où mène un joli cotillon.

L'habile y creuse son sillon
Et dirige la mascarade.
Où mène un joli cotillon?
Au ministère, à l'ambassade.

L'EXTRA

Pour Bals et Soirées.

Ce larbin locati
Qui dessert le buffet
D'un pas appesanti
Est un sournois parfait.

Trouvant les invités
De trop grand appétit,
Il a des surdités
De mauvais acabit.

— Une tasse de thé!
— Du champagne! — Un biscuit!
— Un sandwich! — Du pâté!...
Le bon apôtre fuit....

Mais aussi comme on rit
Quand l'aimable tourteau,
Perdant son peu d'esprit,
Fait verser le plateau!

AU BOIS

Printemps : six heures.

Quand les premiers beaux soirs, alanguissant le cœur,
Font sourdre des émois troublants pleins de douceur,
Elles s'en vont au bois, voitures découvertes,
Respirer la senteur des feuilles déjà vertes.

12

Et c'est l'enchantement joyeux du renouveau
Qui fait monter la sève et qui rend tout plus beau.
Ah ! s'il apparaissait, l'adolescent des rêves,
Celui-là qu'on attend, dans les bois, sur les grèves,
Lorsqu'une tiède brise, apportant des baisers,
Exaspère d'amour les sens déjà grisés !
Ah ! s'il osait venir, mystérieux et brave,
S'asseoir à leurs côtés, dire de sa voix grave :
— Vos beaux yeux m'appelaient, voyez, je suis venu !
Comme on l'accueillerait, l'énergique inconnu !
Mais aucun ne suivra son instinct, car le monde
Creuse, entre leurs désirs, une fosse profonde.
Chaque âge, chaque peuple a ses rites d'amour :
On commence à Paris par se faire la cour.

LA « COLONIE »

Armenonville.

Les flirts, dans les brumes du nord,
Ont des floraisons difficiles,
Et les misses aux seins graciles
En sortent pures sans effort.

Mais vont-elles, par bandes folles,
Vers les rives où le soleil
Met sa patine de vermeil
Au front sacré des Acropoles,

Viennent-elles, pour le Grand Prix,
Au pavillon d'Armenonville,
Boire, avec du Mumm, le bacille
Que l'Amour cultive à Paris,

Qu'aussitôt, sous des cieux complices,
Loin des brouillards et des frimas,
Les lis orgueilleux de là-bas
Épanouissent leurs calices!

TZIGANES

Fils vagabonds,
Une obscure Asie
Marque leurs fronts
De sa poésie.

Ils sont vêtus
De hardes brodées,
Fleurs de cactus,
Rouges orchidées.

Leurs cheveux noirs
Bistrent leur peau brune,
Ombres des soirs
Sur les clairs de lune.

Haut les archets !
Le Master se lève ;
Et tous penchés,
Évoquant leur rêve,

Leur regard luit,
S'allume et flamboie
Comme celui
Des oiseaux de proie.

Crispés, nerveux,
Agiles et blêmes,
Leurs doigts osseux
Font luire des gemmes.

Leurs leit-motifs,
Naïfs ou bizarres,
Larges ou vifs,
Ont des rythmes rares.

Les cymbalons
Où les cœurs se prennent,
Pleurs et frissons,
Perles qui s'égrènent,

Disent le bruit
Des eaux murmurantes
Que font la nuit
Les sources errantes.

Soupirs profonds,
Caresses dolentes,
Les violons
Ont des plaintes lentes!...

Subitement
L'amour se déchaîne!...
Oh! cet amant
Que la fougue entraîne!

Tout est conquis,
Et le cœur et l'âme....
Bourgeois, marquis,
Ta belle se pâme!...

AU BOIS LE SOIR

Été : Auto-Vélo.

Nous n'irons plus au Bois
Rêver sous les allées
Comme aux soirs d'autrefois!

15

Elles s'en sont allées,
Les Nymphes de Paris,
Pâles, inconsolées;

Les Ægypans surpris
Par des clameurs bizarres
Ont quitté leurs abris.

— Les maudits bruits de gares!...
(Soupirent les amants)
Évitons ces bagarres,

Fuyons ces instruments
Dont la voix rauque lance
Tant d'avertissements;

Ces chauffeurs en démence
Répandent autour d'eux
Leur propre pestilence;

Leurs autos furieux
Écraseraient nos têtes
Comme de simples œufs ;

Teufs-teufs et pétrolettes
Hacheraient tes appas
Comme chair à boulettes ;

On ne fait plus un pas
Sous les voûtes ombreuses
Sans aller au trépas ;

Les épaisses vareuses
Qui les changent en ours,
Leurs lunettes affreuses,

Apeurent les amours....
Quittons, ô mon aimée !
Ces bruyants carrefours ;

Plus de brise embaumée
Aux soupirs incertains
Par qui l'âme est charmée,

Mais, bourreaux clandestins,
Sournoise concurrence,
De nouveaux Guillotins!...

En pareille occurrence,
Nous n'avons pas le choix :
Fuir, c'est la délivrance!

Nous n'irons plus au Bois!...

FÊTES FORAINES

Aux sons multipliés des orgues à vapeur
Grondant, sifflant, beuglant leurs airs cacophoniques,
— Tel un troupeau qui fuit sous le fouet du trappeur, —
Le poète s'attarde aux foires mirifiques.

Il badaude devant l'estrade où les Jeannots
Rééditent le trait ou la calembredaine
Des pitres d'autrefois. Les mots sont des anneaux
Que l'à-propos remet à neuf et qu'il enchaîne.

Il s'effare à l'aspect des appas monstrueux
De la géante, amas de graisse tremblotante;
La naine lui répugne avec son teint cireux;
Et ce n'est pas le prix de beauté qui le tente.

Mais si la somnambule aux lèvres de carmin,
Au teint mat, aux yeux noirs, entr'ouvre sa voiture,
Il ira lui montrer les lignes de sa main;
Et ce sera la bonne ou mauvaise aventure!...

La baraque où le jeu de massacre sévit
Indigne sa douceur, assombrit ses pensées;
C'est là qu'inconscient le vulgaire assouvit
Son engouement brutal pour les têtes cassées.

Les houris de Montmartre et de Ménilmontant
Invertèbrent un corps assoupli qui se pâme
Et réveillent en lui le bon mahométan
Qui double tout artiste amoureux de la femme.

Il assiste au repas des fauves, attristé
Par les barreaux de fer, par les tringles fourchues;
Sous l'orgueil du dompteur, il voit sa lâcheté
Qui bat monnaie avec les royautés déchues.

Un minois chiffonné le conduit au bazar
Où des gens ingénus occupent leurs soirées,
Songeant au buffet vide, à tenter le hasard
Qui leur promet des lots de faïences tarées.

Le tourniquet l'amuse, il sourit à l'effort
Des naïfs acharnés aux fourbis mécaniques
Où l'indolent lapin dont ils rêvent la mort,
Blanchi par la vieillesse, a des airs ironiques.

Caramels, chocolats fondants et nougatins,
Étalés pittoresquement en mosaïque,
Le font parler sabir avec ces Levantins,
Éphèbes pommadés au profil judaïque.

Cependant il préfère, en parfait Parigot,
Ces étireurs de pâte, habiles virtuoses,
Maîtres de la guimauve et rois du berlingot,
Qui tordent de l'azur et pétrissent des roses.

Les lutteuses n'ont pas ce réel intérêt
Des hercules massifs qui sont l'honneur des foires ;
Il sait qu'elles sont là pour la frime et l'attrait
Et ne veut pas couper dans toutes ces histoires ;

Mais il aime à les voir, crânant sur leurs tréteaux,
Faire saillir leurs chairs adipeuses et pâles,
Défier les loustics qui montent des bateaux,
Se cambrer dans l'orgueil des attitudes mâles.

Il passe; le voici dans le diorama,
Crimes, couronnements, exploits mis en bouteilles,
Voyages à deux sous que jadis il aima,
Régal des pauvres gens qu'allèchent les merveilles.

— Monsieur fait un carton? — Les servantes des tirs
Savent vous attirer sous leurs sveltes portiques;
Que de pipes, que d'œufs qui s'écroulent martyrs
De cet entraînement aux sports patriotiques!

Mais les tirs illustrés l'arrêtent plus longtemps.
Que le but soit atteint, c'est le canon qui tonne,
Le lion qui rugit et, voire à deux battants,
Les panneaux grands ouverts sur la scène bouffonne.

Puis la diversité l'entraîne incessamment;
Il s'intéresse à l'art des dompteuses de puces;
Il frémit aux effrois — sans y croire un moment —
Des couples embarqués sur les montagnes russes.

Les animaux savants, les princes Colibris,
L'homme qui se nourrit d'étoupes enflammées,
Le sauvage qui mord à de sanglants débris,
Phénomènes, horreurs, monstres, femmes palmées,

Pains d'épice chartrains, montmartrais ou rémois,
Marmitons marmiteux devant leurs pâtissoires,
Quilles, tirs aux pigeons, petits chevaux de bois,
Billards, jeux des couteaux, ballons et balançoires,

Muséums où l'on voit les dangers de l'amour,
Aquariums truqués où nage la sirène,
Tourneurs, graveurs sur verre, installés à leurs tours,
Manèges de vélos que le client entraîne,

Parades qu'ordonna l'art des attractions,
Maillots et trompe-l'œil, renom des Cocheries,
Magie à bon marché des évocations,
Canevas de mélos, embryons de féeries,

Jets lumineux et durs, effets prestigieux
Du strass et du clinquant, bocaux de pharmacope,
Tout cela, tour à tour, se déroule à ses yeux
Avec l'attrait fuyant d'un kaléidoscope.

CHEZ MARSEILLE

— Un gant pour l'amateur! hurle le porte-voix
De Marseille que drape un manteau d'astrologue;
Un gant! qui veut le gant pour le Rempart de Blois?...
Le Rempart, bras croisés, roule des yeux de dogue.

Le compère obligé se présente arrogant :
—Je t'aurai! —Faudra voir! —Astèque! —Œuf à la coque!...
Boniments et défis, envoi rageur du gant....
Le public mis en goût envahit la bicoque.

Ils s'étreignent!... Bientôt les torses enlacés
Ont jeté des lueurs blanches sur la sciure;
Sous de puissants efforts les muscles ramassés
Prennent des raccourcis classiques de sculpture.

L'homme qu'on croit vaincu dresse plastiquement,
Sur son cou de taureau, son corps de jeune faune;
Et plus d'une ce soir rêvera d'un amant
Beau comme ces lutteurs de la place du Trône.

LES MANÈGES

A ta foire, ô Neuilly! la chose qui séduit
— Phalènes attirés par l'éclat des lanternes —
C'est l'éblouissement que jette dans la nuit
L'incessant tourbillon des manèges modernes.

Dans ce luxe forain — où le grenat, les ors,
Chantent criards avec des appels de fanfare, —
Sous ces lourds baldaquins brodés pour les décors
D'une fête à la fois raffinée et barbare,

Plus d'une qui se plaît à de pervers ébats
Et mêle à ses amours quelque sorcellerie,
Chevauche avec l'espoir affolant des sabbats
Sur ces cochons, trépieds profanes d'hystérie.

PROMENOIR

Marigny-Théâtre.

— Belle qui passez, languissante belle,
Où donc allez-vous? — Chez moi, disait-elle.

— Vous fait-il plaisir qu'on vous accompagne?
De grâce acceptez.... — Un peu de champagne,

— Quel charme infini! Daignez me permettre
De vous adorer. — Pourquoi non?... peut-être!

— Ciel! votre regard s'attriste, il y germe
Un chagrin subit. — Je pense à mon terme.

— Le vilain souci! Le terme, qu'importe!
Songez à l'amour!... — Si ça me rapporte.

— Fi donc! Etes-vous de ces vierges folles
Dont le cœur est mort?... — Aux belles paroles!

— O réveil banal! Que faut-il, cruelle,
Pour vous attendrir? — Quelques louis, fit-elle.

LE BAR

Devant le bar orné de plantes exotiques,
  Sur le haut tabouret,
Arachnéa, dardant ses regards magnétiques,
  A tendu son filet.

Immobile, elle attend la mouche bourdonnante,
    La grosse mouche d'or.
(Cet insecte est un snob d'allure bedonnante
    Incapable d'essor.)

D'un sourire elle sait l'arrêter dans sa course,
    Jugeant d'un coup d'œil sûr
Si le quidam est apte à délier sa bourse,
    S'il est vert, s'il est mûr.

Alors, enveloppant sa prise, l'araignée
    Ne l'abandonnera
Qu'après une abondante et rapide saignée,
    Puis recommencera.

LA RÉTIAIRE

Devant la glace du Moulin-Rouge.

Cette adroite façon d'arranger vos cheveux
Et de faire valoir le treillis du corsage
Semble dire à celui qui s'arrête au passage :
Ces charmes opulents sont à toi, si tu veux.

Regarde ce filet, je suis la rétiaire,
Rétiaire d'amour qui veut prendre ton cœur.
Laisse-toi captiver, je ne tiens pas rigueur.
Je ne pourrais t'aimer, mais je saurais te plaire.

Or, puisque tu poursuis de faciles amours,
— Sinon que ferais-tu dans ce lieu de rencontre? —
Sois juge, ce n'est pas sans but que je te montre
Mon galbe qui s'évase en gracieux contours.

Laisse aller ton vouloir au gré de mes caprices.
Ce soir, je me sens bonne et n'abuserai pas
De la faim qui te livre à de grossiers repas,
Mais je te bercerai dans un lit de délices.

J'excelle à réveiller les sens déjà repus;
Je connais le secret des lenteurs opportunes;
Je change les soleils brûlants en clairs de lune;
J'attelle au même joug chastes et corrompus.

Ma taille s'abandonne au bras fort qui l'enlace ;
Ma bouche sait mentir pour t'illusionner ;
Je me vends et pourtant j'ai l'air de me donner ;
Si mon ardeur est feinte, elle n'est jamais lasse !

Ne va pas cependant t'aviser de m'aimer !
Par hasard je suis franche et n'agis pas de ruse ;
Empresse-toi de fuir, si le rêve t'abuse,
Je suis celle qui fait un métier de charmer.

Ne me demande rien qui ne soit un mensonge :
Je trompe par principe et j'ai le fol orgueil
D'avoir enseveli mon cœur dans un cercueil
Jeté dans un abîme où nul des tiens ne plonge.

Devines-tu pourquoi je me mire avec art !...
C'est pour que le réel s'atténue et s'efface,
C'est pour que l'à peu près que tu vois dans la glace
T'épargne la rancœur des onguents et du fard.

Car je serai toujours la femme d'artifices,
Faussaire que l'instinct avertit et conduit;
Le réflexe me sert, la vérité me nuit.
Les glaces sont pour moi d'admirables complices.

MUSIC-HALL

Que fait-elle donc à la dérobée?...
D'une allure prompte elle s'est courbée,
Relevant sa jupe avec des froufrous,

Et son bas à jour, frêle trame née
Du crochet menu de quelque araignée,
Met des effets clairs au blanc des dessous.

Le mince fermoir de sa jarretière
Vient-il de s'ouvrir? ou bien, tracassière,
La puce mord-elle au neigeux régal?...

Fait-elle entrevoir pour que l'on devine?
Veut-elle, montrant son attache fine,
Avoir la primeur d'un vieux madrigal?...

Plus d'une s'efface afin qu'on l'observe:
Il est bon d'avoir certaine réserve;
Rien n'attrape mieux qu'un piège caché;

Veut-elle piper l'oiseau de passage
Qui désirait mordre aux fruits du corsage,
L'oiseau qui revient quand il est lâché?...

Peut-être faut-il chercher autre chose
Dans l'énigmatique et troublante pose
De celle qui fait ce geste ingénu?

Vient-elle d'un coin du Perche ou du Maine?
Est-ce un souvenir obscur qui la mène,
Mettant son instinct villageois à nu?

Eut-elle jadis dans l'armoire en chêne,
Sous les linceuls blancs, un vieux bas de laine
Qui dissimulait son petit trésor?

Et, depuis qu'elle est vendeuse de joie,
Dans le fin treillis de son bas de soie,
Est-ce son profit qu'elle glisse encor?...

MOULIN-ROUGE

Tournez, tournez, moroses bourgeois,

Clercs d'avoués, fades calicots,

Navrants cercleux, noceurs rococos,

Tournez cent fois, tournez mille fois!

Et vous aussi, venus des provinces,
De l'Amérique ou bien des Golcondes,
Colons fiévreux, mines rubicondes,
Nègres ou blancs, écumeurs ou princes!

Aux sons joyeux des cuivres criards,
Pendant la valse aux élans berceurs,
Rythmes ardents, rythmes enlaceurs,
Dans les senteurs d'onguents et de fards,

Parmi l'essaim des filles de joie,
Troupeau rôdeur d'amantes bohèmes,
Éclairs trompeurs des yeux et des gemmes,
Froufrous troublants de moire et de soie;

Tournez, tournez, mornes débauchés,
Dans cette piste aux louches amours,
Tournez cent tours, tournez mille tours,
Après les belles que vous cherchez!

Est-ce Gretchen, la vierge équivoque,
Le lis qui prend des poses d'estampe
Pour aguicher les Fausts qu'on estampe
Par les malheurs d'antan qu'on évoque?

Préférez-vous ce cavalier seul
Qui s'auréole avec ses jupons,
Et dont les pas fringants et fripons
Ont des ardeurs de jeune épagneul?

Est-ce la femme monumentale
Qu'un satin noir avantage et sangle,
Et dont la taille épaisse s'étrangle
Pour qu'au-dessus la gorge s'étale ?

Est-ce la maigre au lascif regard,
— Le pire alors sera le meilleur, —
Qui dans sa jupe (oh combien tailleur !)
Drape son torse avec un tel art ?

Est-ce un produit très boticellesque
Des ateliers préraphaélistes
Qui, lasse enfin de ses symbolistes,
Cherche à lâcher la dèche et la fresque ?

Ou bien, frimousse à la Pompadour,
La fleur de nuit aux éclats leurrants
Qui s'ouvre aux lustres des restaurants
Pour se faner au lever du jour ?

Serait-ce celles que le Poète
Stigmatisa : les femmes damnées,
Les Danaïdes, les forcenées
Dont le désir est toujours en quête?

Est-ce l'institutrice à lorgnon
Qui prouvera ses capacités
Par des brevets dûment remportés,
Mais qui succombe à tant de guignon?

Ou bien, trognon à robe trop courte,
Cet avorton sortant de l'école,
Pâle trumeau qui déjà racole
Et veut croquer quelque bonne tourte?

Est-ce la Jeanne, est-ce la Lison,
Évocatrices de basses-cours,
Dindes jadis, aujourd'hui vautours
Dont l'œil perçant guette le pigeon?

Serait-ce encor la femme de chambre
Ayant rêvé d'être sa madame,
Type accompli de la fine lame,
Dont le corps souple et félin se cambre?

Ou bien l'enfant des continents noirs,
Fruit de haut goût, vanille d'amour,
Que l'on importe en Europe pour
L'explorateur en chambre des soirs?

Serait-ce enfin cet expert vampire,
Cette élégante à la tubéreuse,
Qui déambule si langoureuse,
Fleur délétère à qui la respire?...

Décidez-vous!... Cessez un moment
De tournailler comme à Charenton;
Poursuivez-vous ou vous poursuit-on?
Tournerez-vous éternellement?

Votre embarras vient-il du grand nombre?
Avez-vous tous un cœur de novice?
Est-ce une peur confuse du vice?
Votre luxure aime-t-elle l'ombre?

Qu'attendez-vous? Faites votre choix!
Le désir meurt et l'heure s'enfuit;
Laissez venir l'Ange de minuit;
Soyez vaincus aux sons de sa voix.

Offrez le bock et la cigarette :
Ne doutez pas des belles promesses ;
Votre clé d'or ouvre les kermesses !...
Quoi ! vous fuyez ! Rien ne vous arrête !

Mais qu'avez-vous à tourner ainsi ?
Est-ce un supplice à vous infligé ?
— Sinon pourquoi cet air affligé ? —
Dans quel espoir êtes-vous ici ?

Y venez-vous pour que l'on vous aime ?...
Ah pauvres fous !... Prenez-en donc une
A tout hasard : la blonde ou la brune,
N'importe qui !... C'est toujours la même.

LE PORT D'ARMES

Moulin-Rouge.

Frétillements,
Gambillements,
Sports névropathes
De vieilles pattes.

Teint mâchuré,
Peinturluré;
Cynocéphale
De bacchanale.

Régal des yeux
Luxurieux
Et des artistes
Pornographistes.

Geste sans art
Du grand écart,
Boule qui croule
Sans qu'elle roule.

Air ennuyé,
Ensommeillé,
D'une corvée
Pas achevée.

Coup du chapeau
Dont un vieux beau,
Penchant la tête,
Lui semble en quête.

Dessous chinés,
Enrubannés;
Jupons qu'on brasse
Sans nulle grâce.

Pied droit trop fort
Qu'avec effort,
En pose brève,
La jambe lève.

Pas fatigué
Et mal gigué
Qu'elle exécute
De haute lutte

Pour un Anglais
Dont les yeux laids
N'ont pas la flamme
Qu'elle réclame.

— C'est là Paris!...
Grogne, surpris,
Cet insulaire :
Filons au Caire !

Tout-à-l'Égout
Manque de goût
Et fait un bouge
Du Moulin-Rouge.

SANS CAVALIER

Femmes,

Ames

Sœurs.

Leurs

Mœurs?...
Flammes,
Drames,
Pleurs,

Fièvres!...
Sens
Mièvres,

Râle
Sans
Mâle!...

L'ATTENTE

Restaurant de nuit.

A quoi pensez-vous, petite frimousse,
Si gente et si douce,
Qui faites valoir avec abandon
Votre pied mignon?

Ce regard rêveur, ce joli sourire,
Que veulent-ils dire?
Est-ce du désir, est-ce du regret
Que vient cet attrait?

Est-ce le souper, est-ce l'ami tendre
Qui se fait attendre?
Et que me répond votre air langoureux?
— Que ce sont les deux!

GIGOLOS

Vagues Jasons, chercheurs de fausses toisons d'or,
— Sans faire fi d'ailleurs des tignasses réglisse, —
Ils sortent du collège, et n'ayant pour trésor
Qu'un louis sans compagnon que la maman leur glisse,

Ils vont rôder autour des vendeuses d'amour
Dans les halls à plaisir où l'instinct les entraîne ;
Là, timides, les yeux cernés, dans le pourtour,
Ils offrent alanguis leurs petits cœurs en peine.

A leur front rougissant sous l'éclair allumeur
D'aucunes ont flairé qu'ils sont fils de famille ;
Les autres ont rêvé d'une tendre primeur
Qui ravigoterait leurs sens blasés de fille.

Aussi leur fera-t-on crédit facilement
S'ils ont offert des bocks, des fleurs, une voiture,
Si les Belles de Nuit n'ont pas trouvé d'amant,
Et surtout si leur vice a besoin de pâture.

LE " HANNETON "

Cabaret spécial.

Hanneton
Vole, vole !
Ma Ninon
Devient folle.

Son regard
Qui s'égare
Luit hagard
Et m'effare.

Je subis
Du cher ange
Un mépris
Plus qu'étrange.

Elle fuit,
La traîtresse,
Jour et nuit,
Ma caresse.

Vainement
Je soupire;
Mon tourment
La fait rire.

Je gémis,
Je me fâche,
Je lui dis :
Je te lâche !

Pleurs, affront,
Cris, menace,
Rien ne rompt
Cette glace !…

En amant
Féru d'elle,
L'estimant
Infidèle,

Je suivis
L'impudente
Au logis
Qu'elle hante,

Cabaret
De la Butte,
Trébuchet
Qu'on répute,

Lieu pervers,
Telle école
Que j'en perds
La parole!...

LES QUAT'-Z-ARTS

Ohé les bataillons d'artistes!...
Peintureurs et peinturlureurs,
Croûtiers, gribouilleurs, barbouilleurs,
Luministes et pénombristes,
Pétardiers et décorateurs :

Pointillistes, simpletachistes,
Maniéristes et blaireauteurs,
Scintillistes, intentionnistes,
Naturistes, barioleurs,
Coloristes, incoloristes,
Copistes, banquistes, fumistes!...

Et vous, graveurs, dessinateurs,
Crayonneurs, caricaturistes,
Lithographes, illustrateurs,
Pastellistes, aquafortistes,
Fusinistes, enlumineurs,
Aquarellistes, imagistes,
Hachuristes et griffonneurs!...

Vous, aux allures si correctes,
Pères des cités, architectes !
Néo-grecs et néo-latins,
Étrusques, romans, byzantins,
Ogivistes et vieux-gothiques,

Bâtisseurs de chalets rustiques,
Composites, cyclopéens,
Hindous, mauresques, chaldéens,
Admirateurs du roi Mausole,
Maçons! philistins de l'École!...

Et vous aussi, maigres sculpteurs,
Ornemanistes, modeleurs,
Statuaires, académistes,
Figuristes, polychromistes;
Pétrisseurs de glaise entichés
Des mannequins, des écorchés,
Vous qui ne voyez la nature
Qu'à travers la musculature:
Pétrificateurs brevetés
De toutes les célébrités,
Faiseurs de monuments équestres,
Fabricants de gloires pédestres;
Tailleurs de vierges, bondieusards,
Accourez tous aux Quat'-z-Arts!...

Traînez sur des chars dignes d'elles,
Vos maîtresses et vos modèles.
Faites triompher les Laïs,
Les Phrynés, les blondes Thaïs,
Les Danaés, les Messalines,
Les Captives, et les Sabines;
Les Vérités sortant des puits,
Les Phœbés déesses des nuits;
Les Nymphes, les Océanides,
Les Fortunes, les Néréides,
Les Cléopâtres, les Iris,
Les Bacchantes et les Cypris!...
Car, sans l'orgueil des formes nues,
Vos fêtes seraient saugrenues.

LES VRAIS SOIRS DE PARIS

En famille, tout simplement.

Pourquoi chercher ailleurs des plaisirs décevants?
Allons-nous demander à des terres lointaines
La grappe qui mûrit blonde sous nos auvents
Ou bien l'eau qui jaillit pure de nos fontaines?

N'est-il pas méritant de rester à côté
De ceux auxquels le sort mystérieux nous lie!
Et n'est-ce pas devoir, n'est-ce pas loyauté,
D'accepter le fardeau de la tâche accomplie!

Rengaine qui fut chère à d'illustres époux
Et qu'on fredonne encor sous la lampe qui brille.
Les soirs que tu chantais sont toujours les plus doux
Où peut-on être mieux qu'au sein de sa famille?

TABLE

ACHEVÉ D'IMPRIMER

LE 1er MAI 1903

SUR LES PRESSES A BRAS DE LAHURE

JATTEFAUX, prote à la composition.
OUIVET, prote aux machines.
BISDORFF, metteur en pages.
DUPONT et NALTET, pressiers.